tapas

p

Producido por The Bridgewater Book Company Ltd.
Diseño: Michael Whitehead
Project Editor: Anna Samuels
Fotografías: David Jordan
Economía doméstica: Jacqueline Bellefontaine

Copyright © 2006 de la edición española
Parragon Books Ltd
Queen Street House
4 Queen Street
Bath BA1 1HE, RU
Traducción del inglés: Ana María Lloret
para Equipo de Edición S.L., Barcelona
Redacción y maquetación: Equipo de Edición S.L., Barcelona

ISBN: 1-40548-321-0

Impreso en China
Printed in China

Notas para el lector
Se considera que 1 cucharadita equivale a 5 ml y 1 cucharada a
15 ml. Si no se indica otra cosa, la leche será siempre entera, los
huevos y las verduras u hortalizas, por ejemplo, las patatas, de
tamaño medio, y la pimienta, pimienta negra recién molida.

Las recetas que llevan huevo crudo o muy poco cocido no son
indicadas para los niños muy pequeños, los ancianos, las embarazadas, las personas convalecientes y cualquiera que sufra alguna
enfermedad. Se recomienda a las embarazadas y a las mujeres
lactantes que no consuman cacahuetes ni productos derivados.

contenido

introducción

LAS TAPAS son platos rápidos y fáciles de preparar, y pueden servirse frías o calientes. Aquí encontrará recetas para cualquier ocasión. En España, la tradición de las tapas está muy arraigada y constituye una de las comidas más sociales y apetitosas.

Las tapas, toda una institución gastronómica en España, son aperitivos que pueden servirse fríos o calientes. Suelen ir acompañadas de vino blanco, cerveza o jerez muy fríos, y se degustan prácticamente en todos los bares y restaurantes del país antes de la comida y la cena.

Este aperitivo es tan versátil que resulta ideal tanto para una ocasión especial o una fiesta como para una comida en familia o una cena informal.

Las tapas tienen su origen en Andalucía, si bien el tapeo se practica en toda España. La palabra *tapa* proviene en realidad de «tapar» o de «tapadera», por las rebanadas de pan que el tabernero colocaba sobre el vaso de vino de los clientes para preservarlo de moscas y polvo entre sorbo y sorbo. Después, a los andaluces se les ocurrió la genial idea de poner encima de esa rebanada un

trocito de algo apetitoso, y de esa forma nacieron las tapas.

La mejor manera de presentar los tentempiés es en bandejitas o boles de cerámica pequeños, pues son los recipientes que mejor mantienen el frío o el calor. Sin embargo, si no dispone de boles

pequeños o bandejitas, no se preocupe, cualquier recipiente servirá.

En este libro se recoge una selección de las recetas de tapas más tradicionales que harán las delicias de todos los comensales. La diversidad y número de tapas que existen son ilimitados. Este volumen se divide en cuatro capítulos: Carnes rojas y blancas, Tapas vegetales, Bocados de queso y huevo, y Pescado y marisco.

El apartado «Carnes rojas y blancas» presenta una variada selección de recetas que incluyen el popular chorizo, pollo, jamón serrano y carne de cerdo, entre otros ingredientes.

En «Tapas vegetales» encontrará todo tipo de combinaciones con hortalizas, desde judías verdes y berenjenas hasta patatas, tomates o espinacas. Las almendras saladas son un plato de lo más soco-

rrido y, en vez de almendras, puede prepararlo con nueces, pistachos, cacahuetes o anacardos.

El capítulo de «Bocados de queso y huevo» incluye recetas con parmesano, queso manchego y cheddar. Los Buñuelos de queso con salsa picante desafiarán los paladares más resistentes. Déjese seducir por el Queso manchego frito acompañado por un tinto bien frío.

El último apartado, «Pescado y marisco», recoge una gran variedad de recetas con ingredientes frescos y fáciles de encontrar en el mercado. Las Sardinas marinadas en vinagre de jerez son un plato exquisito, que puede elaborar también con filetes de trucha o de salmón frescos.

Tenga previstos palillos de cóctel para pinchar esas exquiseces y un platito en el que depositar los palillos vacíos. ¡Buen provecho!

carnes rojas y blancas

EN ESTE APARTADO encontrará once deliciosas recetas con carnes rojas y blancas. El chorizo se lleva la palma, pues es la tapa más común y apreciada, sobre todo en el sur. Pero también se incluyen tentempiés igual de apetitosos con carne de pollo y cerdo, y jamón serrano.

pan de ajo frito
y chorizo

Para esta receta elija un chorizo tierno (no curado), ya que estas variedades contienen una elevada proporción de grasa, lo que las hace excelentes para cocinarlas. Como alternativa al chorizo, puede usar taquitos de jamón serrano o rodajas de butifarra al ajo. *PARA 6-8 PERSONAS, COMO PARTE DE UNA COMIDA A BASE DE TAPAS*

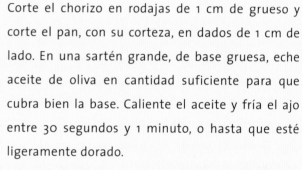

200 g de chorizo, sin la piel

4 rebanadas gruesas de pan rústico de 2 días

aceite de oliva para freír

3 dientes de ajo, picados finos

2 cucharadas de perejil fresco picado

pimentón, para decorar

Corte el chorizo en rodajas de 1 cm de grueso y corte el pan, con su corteza, en dados de 1 cm de lado. En una sartén grande, de base gruesa, eche aceite de oliva en cantidad suficiente para que cubra bien la base. Caliente el aceite y fría el ajo entre 30 segundos y 1 minuto, o hasta que esté ligeramente dorado.

Fría los dados de pan, dándoles la vuelta sin cesar, hasta que estén crujientes e intensamente dorados. Añada las rodajas de chorizo y fríalas entre 1 y 2 minutos o hasta que estén calientes. Con una rasera, saque los dados de pan y el chorizo de la sartén y déjelos escurrir sobre papel de cocina.

Disponga el pan frito y el chorizo en una fuente de servicio caliente. Entremezcle el perejil picado. Como nota decorativa, espolvoree la fuente con pimentón en polvo. Sirva esta tapa caliente. Ponga palillos de cóctel al alcance de los comensales para que puedan ensartar juntos un trozo de chorizo y un dado de pan frito.

variación

Si no puede encontrar alcachofas frescas,
utilice 400 g de corazones de alcachofa en
conserva. Una vez escurridos, corte los corazones
por la mitad o en cuartos. Como variante, una
gruesa lonja de jamón serrano, cortada en
dados, puede substituir el chorizo.

ensalada de melón, chorizo y alcachofas

El chorizo es tan versátil que combina a la perfección con frutas y hortalizas.

PARA 8 PERSONAS, COMO PARTE DE UNA COMIDA A BASE DE TAPAS

12 alcachofas pequeñas

el zumo de ¹/₂ limón

2 cucharadas de aceite de oliva

1 melón pequeño de pulpa naranja, como

los cantalupo

200 g de chorizo, sin la piel

unas ramitas de estragón fresco o de perejil,

para decorar

aliño

3 cucharadas de aceite de oliva virgen extra

1 cucharada de vinagre de vino tinto

1 cucharadita de mostaza

1 cucharada de estragón fresco picado

sal y pimienta

Para preparar las alcachofas, corte los tallos. Arranque con las manos las hojas exteriores, más duras, hasta que queden a la vista las hojas interiores, que son tiernas. Con unas tijeras, corte las puntas aguzadas de las hojas. Con un cuchillo afilado, pele la base de las alcachofas. A medida que las vaya preparando, unte las superficies cortadas de las alcachofas con zumo de limón para evitar que se ennegrezcan. En su lugar, también puede llenar un cuenco con agua fría, añadirle zumo de

limón e ir echando las alcachofas en esa agua acidulada para evitar la oxidación. Extraiga con cuidado la pelusa (la masa de pelillos sedosos), con los dedos o con una cucharilla. Es muy importante realizar a conciencia esta operación ya que esas pequeñas barbas, si se comieran, podrían irritar la garganta. Ahora bien, si utiliza alcachofas muy tiernas, no tiene que preocuparse de quitar la pelusa y además puede incluir los tallos, bien pelados, porque son bastante tiernos. Corte las alcachofas en cuartos y úntelas nuevamente con zumo de limón.

Caliente el aceite de oliva en una sartén grande de base gruesa y, removiéndolas frecuentemente, fría las alcachofas preparadas durante 5 minutos o hasta que las hojas estén intensamente doradas. Sáquelas de la sartén, póngalas en una ensaladera y deje que se enfríen.

Para preparar el melón, córtelo por la mitad y extraiga las semillas. Corte la pulpa en dados del tamaño de un bocado. Añádalos a las alcachofas frías. Corte el chorizo en trozos del mismo tamaño y mézclelos con el melón y las alcachofas.

Prepare el aliño batiendo juntos todos los ingredientes en un bol pequeño. Justo cuando vaya a servirla, vierta el aliño sobre la ensalada y adórnela con ramitas de estragón o de perejil.

chorizo en vino tinto

Esta tapa queda muy vistosa preparada con choricitos. Prepárelos exactamente del mismo modo, pero después de pelarlos no los corte en rodajas, déjelos enteros.

PARA 6 PERSONAS, COMO PARTE DE UNA COMIDA A BASE DE TAPAS

200 g de chorizo
200 ml de vino tinto
2 cucharadas de brandy (opcional)
perejil fresco picado, para decorar
pan crujiente, para acompañar

Ante todo, recuerde que esta tapa está más buena si se prepara la víspera del día en que se ha de servir.

Con un tenedor, pinche el chorizo por 3 o 4 puntos. Póngalo en una cazuela y vierta en ella el vino. Llévelo a ebullición y reduzca la temperatura, tape el recipiente y deje que prosiga la cocción entre 15 y 20 minutos. Pase el chorizo y el vino a un bol, tápelo y deje que el chorizo se impregne del vino durante 8 horas o toda la noche.

Al día siguiente, saque el chorizo del bol y reserve el vino. Quite la piel al chorizo y córtelo en rodajas de 5 mm de grueso. Ponga esas rodajas en una sartén grande de base gruesa o en una cazuela de barro resistente al fuego.

Si desea añadir brandy, viértalo en un cacito y caliéntelo un poco. Vuélquelo sobre el chorizo, échese hacia atrás y préndale fuego. Cuando las llamas se apaguen, sacuda la sartén, eche en ella el vino reservado y déjelo cocer a fuego vivo hasta que se haya evaporado en su mayor parte.

Sirva el chorizo sobre el fondo de vino tinto muy caliente, en el mismo recipiente de cocción y espolvoreado con perejil. Acompáñelo con rebanadas de pan para mojar en el jugo de cocción, y facilite a los comensales palillos de cóctel para ensartar las rodajas de chorizo.

variación

También, en lugar de vino tinto, puede
usar sidra, como se hace a menudo en
el norte de España.

empanadillas de chorizo

Una comida a base de tapas no está completa si no hay chorizo. En esta receta se envuelve en hojaldre y resulta delicioso como acompañamiento de un vasito de vino blanco muy frío. *PARA 12 UNIDADES*

125 g de chorizo tierno, sin la piel
un poco de harina, para espolvorear
250 g de pasta de hojaldre preparada,
descongelada
si era congelada
huevo batido, para glasear
pimentón, para decorar

Precaliente el horno a 200 °C. Corte el chorizo en daditos de 1 cm de lado aproximadamente.

Sobre una superficie espolvoreada con harina, estire con el rodillo la pasta de hojaldre hasta dejarla fina. Con un cortapastas de 8 cm de diáme-

tro, córtela en redondeles. Apile los recortes de pasta, estírelos con el rodillo y corte más redondeles para obtener 12 en total. Con una cucharilla, ponga unos daditos de chorizo en el centro de cada redondel de pasta.

Humedezca los bordes de la pasta con un poco de agua y doble cada redondel por la mitad, de modo que el chorizo quede completamente cubierto. Una los bordes con los dedos. Presione los bordes con las púas de un tenedor para darles un acabado decorativo y dejarlos bien sellados. Con la punta de un cuchillo afilado, haga una incisión lateral en cada empanadilla. En esta fase, puede guardar las empanadillas en el frigorífico hasta el momento de hornearlas.

Ponga las empanadillas en bandejas de horno humedecidas y úntelas con un poco de huevo batido para glasearlas. Cuézalas en el horno de 10 a 15 minutos o hasta que hayan subido y tengan un atractivo color dorado. Utilizando un coladorcito, decore las empanadillas espolvoreándolas ligeramente con pimentón. Sirva las empanadillas de chorizo calientes o templadas.

nota

Estas empanadillas son muy fáciles de
preparar. Hasta un niño podría hacerlas...
¡pero habría que vigilar que no se comiera
el chorizo antes de que llegara al horno!

CARNES ROJAS Y BLANCAS   **17**

pollo al limón
con ajo

Existen varias versiones de esta popular tapa, de fácil y rápida preparación. Pruébela, por ejemplo, con alitas de pollo o con trocitos de conejo, pavo o cerdo. *PARA 6-8 PERSONAS, COMO PARTE DE UNA COMIDA A BASE DE TAPAS*

4 pechugas de pollo, deshuesadas y sin piel
5 cucharadas de aceite de oliva
1 cebolla, picada fina
6 dientes de ajo, picados finos
la ralladura de 1 limón, la piel muy fina
de 1 limón y el zumo de ambos limones
4 cucharadas de perejil fresco picado, y un
poco más para decorar
sal y pimienta
gajos de limón y pan crujiente, para acompañar

Con un cuchillo afilado, corte las pechugas a lo ancho en rodajas muy finas. Caliente el aceite en una sartén grande, de base gruesa, y fría la cebolla durante 5 minutos o hasta que esté tierna, pero sin llegar a dorarse. Añada el ajo y fríalo todo unos 30 segundos más.

Ponga en la sartén las rodajas de pollo y, removiendo de vez en cuando, fríalas a fuego lento entre 5 y 10 minutos, hasta que todos los ingredientes se hayan dorado ligeramente y el pollo esté tierno.

Añada la ralladura y el zumo de limón y déjelo borbotear, mientras raspa el fondo de la sartén con una cuchara de madera y mezcla lo que estaba adherido con el jugo. Aparte la sartén del fuego, añada el perejil y salpimiente al gusto.

Pase el pollo, muy caliente, a una fuente de servicio. Esparza por encima tiritas de piel de limón, adórnelo con perejil y sírvalo con gajos de limón para exprimirlos, si se desea, sobre el pollo. Acompáñelo con rebanadas de pan crujiente para mojarlo en la salsita de limón y ajo.

croquetas crujientes
de pollo y jamón

Las croquetas son uno de los platos más servidos como tapa.

PARA 8 UNIDADES

4 cucharadas de aceite de oliva o

60 g de mantequilla

4 cucharadas de harina

200 ml de leche

120 g de carne de pollo cocida, picada

60 g de jamón serrano o en dulce, picado fino

1 cucharada de perejil fresco picado, y unas

ramitas para decorar

un pellizquito de nuez moscada recién rallada

sal y pimienta

1 huevo, batido

60 g de pan blanco del día anterior, rallado

aceite de girasol, para freír

alioli (véase p. 53), para acompañar

Caliente el aceite o la mantequilla en un cazo. Incorpore la harina y, removiendo sin cesar, dórela a fuego suave 1 minuto. Aparte el cazo del fuego e incorpore la leche, removiendo para evitar que se formen grumos. Vuelva a poner el cazo a fuego lento y, removiendo continuamente, deje que la mezcla hierva hasta que se espese.

Aparte el cazo del fuego, incorpore la carne de pollo picada y mézclelo todo bien. Añada el jamón picado, el perejil y la nuez moscada; mézclelo todo

y salpimiente al gusto la masa de las croquetas. Extiéndala en un plato y déjela enfriar 30 minutos; después, cúbrala con film transparente y métala en el frigorífico unas 2 o 3 horas o toda una noche. No se salte este paso, ya que enfriar adecuadamente las croquetas evita que se abran al freírlas.

Cuando la masa de las croquetas se haya enfriado, ponga el huevo batido en un plato y el pan rallado en otro. Divida la pasta en 8 porciones del mismo tamaño y, con las manos humedecidas, dé forma cilíndrica a cada porción. A continuación, sumerja las croquetas, de una en una, en el huevo batido y después rebócelas con el pan rallado. Póngalas en un plato y enfríelas en el frigorífico durante 1 hora, aproximadamente.

Para freír las croquetas, caliente el aceite de una freidora a 180 o 190 °C; si utiliza sartén, un dado de pan se ha de dorar en 30 segundos. Fría las croquetas, por tandas para evitar que baje la temperatura del aceite, entre 5 y 10 minutos o hasta que estén doradas y crujientes. Sáquelas del aceite y déjelas escurrir sobre papel de cocina.

Sirva las croquetas de pollo y jamón muy calientes, decoradas con ramitas de perejil y acompañadas con un bol de alioli por si se quieren mojar.

sugerencia

Las croquetas son otra tapa muy popular.
Pruebe mezclas de distintos ingredientes,
por ejemplo, bacalao y alcaparras, y déles
formas diferentes.

variación

Puede añadir champiñones cortados, así como
una cucharada de alcaparras escurridas o
aceitunas verdes troceadas.

higaditos de pollo
en salsa de jerez

Esta tapa es muy popular en los bares de Andalucía y también
suele hacerse con riñones de cordero o ternera. *PARA 6 PERSONAS,
COMO PARTE DE UNA COMIDA A BASE DE TAPAS*

450 g de higaditos de pollo

2 cucharadas de aceite de oliva

1 cebolla pequeña, picada fina

2 dientes de ajo, picados finos

100 ml de jerez seco

sal y pimienta

2 cucharadas de perejil fresco

pan crujiente o tostadas, para acompañar

Si es necesario, empiece limpiando los higaditos, eliminando conductos y cartílagos; después córtelos en trocitos del tamaño de un bocado.

Caliente el aceite de oliva en una sartén de base gruesa. Añada la cebolla y fríala 5 minutos o hasta que esté blanda, pero sin llegar a dorarse. Añada el ajo y fríalo todo 30 segundos más.

Eche en la sartén los higaditos de pollo y, removiendo sin cesar, fríalos 2 o 3 minutos; han de quedar firmes y cambiar de color por fuera, pero manteniéndose tiernos y sonrosados por el centro. Con una rasera, saque los higaditos de la sartén y póngalos en una fuente grande precalentada o en varias más pequeñas; procure que no se enfríen.

Eche el jerez en la sartén, avive el fuego y deje borbotear el vino 3 o 4 minutos para que se evapore el alcohol y se reduzca un poco. Simultáneamente, raspe el fondo de la sartén con una cuchara de madera despegando todo lo que había quedado adherido y mezclándolo con la salsa. Salpimiéntela al gusto.

Vierta la salsa de jerez sobre los higaditos de pollo y esparza sobre ellos el perejil picado. Sírvalos muy calientes, acompañados con trozos o con rebanadas de pan crujiente para mojarlo en la salsa de jerez.

habas con
jamón serrano

Las habas tiernas, tanto frescas como congeladas, son muy apreciadas.
En esta receta puede usar tanto unas como otras, pero si opta por las últimas,
asegúrese de que sean «baby», porque son más tiernas. Quitar a las habas la pielecilla
que las recubre para que quede al descubierto su interior, de un verde brillante,
es un detalle de gran refinamiento, pero exige mucho tiempo.

PARA 6-8 PERSONAS, COMO PARTE DE UNA COMIDA A BASE DE TAPAS

60 g de jamón serrano, curado, panceta o
beicon entreverados y sin corteza
120 g de chorizo, sin la piel
4 cucharadas de aceite
1 cebolla, picada fina
2 dientes de ajo, picados finos
un chorrito de vino blanco seco
450 g de habas descongeladas o
aproximadamente 1,3 kg de habas
tiernas con sus vainas, para obtener
unos 450 g de habas una vez peladas
1 cucharada de menta fresca picada o
eneldo, y un poco más para decorar
un pellizco de azúcar
sal y pimienta

Con un cuchillo afilado, corte el jamón, la panceta o el beicon en tiritas. Corte el chorizo en dados de 2 cm. Caliente el aceite de oliva en una sartén de base gruesa o en una cazuela resistente al fuego y provista de tapadera. Añada la cebolla y fríala 5 minutos o hasta que esté tierna y empiece a dorarse. Si utiliza panceta o beicon, échelo en la sartén con la cebolla. Añada el ajo y fríalo todo 30 segundos más.

Vierta el vino en la sartén, aumente la intensidad del fuego para que se evapore el alcohol y baje de nuevo el fuego. Añada las habas, el jamón y el chorizo. Fríalo 1-2 minutos, removiendo para que los ingredientes queden impregnados de aceite.

Tape el recipiente y, removiendo de vez en cuando, deje que las habas se cuezan en el aceite durante 10 o 15 minutos o hasta que estén tiernas. Puede ser necesario incorporar un poco de agua durante la cocción; por lo tanto, hay que prestar atención y no dudar en añadirla si las habas se secan en exceso. Agregue la menta o el eneldo y el azúcar, sazone con pimienta y pruebe las habas antes de añadir sal, porque quizás no hará falta.

Pase las habas a una fuente de servicio grande o a varias individuales y sírvalas muy calientes, adornadas con menta o eneldo picados.

albondiguitas en salsa de almendras

La carne de cerdo picada o una combinación de cerdo y ternera es lo que se utiliza tradicionalmente para hacer estas albóndigas, pero si lo prefiere, puede utilizar carne picada de cordero o de buey.

PARA 6-8 PERSONAS, COMO PARTE DE UNA COMIDA A BASE DE TAPAS

60 g de miga rallada de pan blanco o moreno

3 cucharadas de agua

450 g de carne magra de cerdo picada

(véase la introducción de la receta)

1 cebolla grande, picada

1 diente de ajo, chafado

2 cucharadas de perejil fresco picado y unas ramitas para decorar

1 huevo, batido

nuez moscada recién rallada

sal y pimienta

harina, para rebozar

2 cucharadas de aceite de oliva

un chorrito de zumo de limón

pan crujiente, para acompañar

Salsa de almendras

2 cucharadas de aceite de oliva

25 g de pan blanco o moreno

120 g de almendras peladas

2 dientes de ajo, picados muy finos

150 ml de vino blanco seco

sal y pimienta

425 ml de caldo vegetal

Para preparar las albóndigas, ponga el pan en un bol, añada el agua y déjelo en remojo 5 minutos. Exprima el agua absorbida por el pan con las manos y póngalo en un cuenco seco. Incorpore la carne de cerdo, la cebolla, el ajo, el perejil y el huevo; sazone todo con nuez moscada rallada y salpiméntelo un poco. Mezcle los ingredientes hasta obtener una pasta homogénea.

Ponga un poco de harina en un plato. Con las manos enharinadas, forme con la mezcla de carne aproximadamente 30 albóndigas de un mismo tamaño y páselas por harina hasta que queden bien rebozadas.

Caliente el aceite de oliva en una sartén grande, de base gruesa, y fría las albóndigas por tandas para que no se amontonen, durante 4 o 5 minutos o bien hasta que estén doradas por todos los lados. Sáquelas de la sartén y resérvelas.

Para hacer la salsa de almendras, caliente el aceite en la misma sartén en la que haya frito las albóndigas. Rompa el pan en trocitos, échelo en la sartén junto con las almendras y fríalos, a fuego lento y removiendo con frecuencia, hasta que el pan y las almendras estén bien dorados. Añada el

ajo y fríalo todo durante 30 segundos más; vierta el vino en la sartén y deje que hierva entre 1 y 2 minutos. Salpimiéntelo al gusto y déjelo enfriar ligeramente.

Cuando la mezcla de almendras esté fría por completo, vuélquela en el contenedor de un robot de cocina, agregue el caldo y haga funcionar el aparato hasta obtener una salsa fina. Devuelva la salsa a la sartén.

Introduzca en esa salsa las albóndigas fritas y cuézalas unos 25 minutos, hasta que estén tiernas. Pruebe la salsa y salpimiéntela si es necesario.

Pase las albóndigas con la salsa a una fuente de servicio, rocíelas con zumo de limón al gusto y espolvoréelas con perejil picado para decorar. Sírvalas muy calientes, acompañándolas con trozos o rebanadas de pan crujiente para mojarlo en la salsa de almendras.

espárragos asados
con jamón serrano

El jamón serrano, cuyo proceso de curado en las montañas oscila entre varios meses y unos

años, es el que resulta más sabroso con los espárragos, pero también se puede

optar por otro tipo de jamón curado. *PARA 12 UNIDADES*

2 cucharadas de aceite de oliva
6 lonjas de jamón serrano
12 espárragos
pimienta
alioli (véase p. 53)

Precaliente el horno a 200 °C. Ponga la mitad del aceite en una bandeja de asados en la que puedan caber los espárragos en una sola capa e inclínela para que se deslice por su base, cubriéndola en su totalidad. Corte cada lonja de jamón serrano por la mitad, a lo largo.

Corte los extremos de los espárragos y después enrolle una lonja de jamón alrededor del extremo del tallo de cada espárrago. Ponga los espárragos así preparados en la bandeja y rocíelos con el aceite de oliva restante. Sazónelos con pimienta.

Ase los espárragos en el horno durante 10 minutos poco más o menos, según su grosor; han de quedar tiernos, pero es importante que no los cueza en exceso para que no se ablanden y que se puedan coger con los dedos.

Sirva los espárragos asados con jamón muy calientes, acompañados con un bol de alioli para poder mojarlos.

pinchos de cerdo en miniatura

Aunque generalmente en España se preparan con carne de cerdo, estos pinchos son de origen árabe, y deberían hacerse con cordero. Unos y otros son deliciosos. *PARA 12 UNIDADES*

450 g de carne magra de cerdo, sin hueso
3 cucharadas de aceite de oliva, y un poco más para untar (opcional)
ralladura y zumo de 1 limón grande
2 dientes de ajo, chafados

2 cucharadas de perejil fresco picado, y un poco más para decorar
1 cucharada de la mezcla de especias conocida como ras-el-hanout (véase nota)
sal y pimienta

Recuerde que estos pinchos se dejan unas horas en adobo y, por lo tanto, tendrá que prepararlos con la anticipación necesaria. Corte la carne en cuadritos de unos 2 cm de lado y póngalos formando una sola capa en una fuente grande y plana que no sea de metal.

Para preparar el adobo, mezcle en un bol todos los ingredientes restantes. Vierta el adobo sobre la carne y remueva para que quede bien impregnada. Tape la fuente y deje macerar la carne

en el frigorífico 8 horas o todo el día, dándole la vuelta 2 o 3 veces.

Para asar la carne, puede usar pinchos de madera o de metal. Para esta receta necesitará aproximadamente 12 pinchos de 15 cm. Si los utiliza de madera, remójelos previamente en agua fría durante 30 minutos. Eso evita que se quemen y, por otra parte, facilita el proceso de desensartar la carne una vez asada. Los pinchos de metal sólo se han de engrasar, y es mejor usarlos planos que redondos para evitar que se desprenda alguno de los trozos de carne.

Precaliente la parrilla, la plancha o la barbacoa. Ensarte 3 trozos de carne en cada pincho, dejando un poco de espacio entre ellos. Áselos entre 10 y 15 minutos, o hasta que la carne esté tierna y un poco requemada por fuera. Durante la cocción, déles varias veces la vuelta y úntelos con el adobo que haya quedado. Sirva estos pinchos muy calientes, decorados con perejil.

nota

La mezcla de especias ras-el-hanout se compone
de galanga, capullos de rosa, granos de pimienta
negra, jengibre, cardamomo, neguilla, cayena,
pimienta de Jamaica, espliego, canela, casia,
cilantro, macis, nuez moscada y clavo.

tapas vegetales

Aquí se ofrece una gran variedad de platos sin carne, desde los Tomates cereza rellenos y la Ensalada de pimientos asados hasta las Cocas de miniatura con espinacas y tomate. ¡Todos ellos tienen el éxito garantizado!

aceitunas rotas adobadas

Las aceitunas se conservarán en el frigorífico durante varios meses; de hecho,
cuanto más tiempo estén en adobo, más aromáticas serán. Aproveche el aceite del adobo para guisar
o para aliñar ensaladas. Aportará un delicioso aroma a los platos en los que se utilice.

PARA 8 PERSONAS, COMO PARTE DE UNA COMIDA A BASE DE TAPAS

**una lata o un tarro de aceitunas verdes
grandes con hueso, escurridas
4 dientes de ajo, pelados
2 cucharaditas de semillas de cilantro
1 limón pequeño
4 ramitas de tomillo fresco
4 tallos ramosos de hinojo
2 guindillas rojas pequeñas y frescas (opcional)
pimienta
aceite de oliva virgen extra, para cubrir**

Para que los aromas del adobo penetren en las aceitunas, póngalas sobre un tajo y, con un rodillo, golpéelas para resquebrajarlas un poco. O bien, con un cuchillo afilado haga en cada aceituna un corte longitudinal rozando el hueso. Con la hoja de un cuchillo ancho, aplaste los dientes de ajo. Maje las semillas de cilantro. Sin pelarlo, corte el limón en trozos pequeños.

Ponga las aceitunas, el ajo, las semillas de cilantro, los trozos de limón, las ramitas de tomillo, el hinojo y las guindillas (si las usa) en un cuenco grande; revuélvalo todo. Sazone con pimienta al gusto pero no añada sal, ya que las aceitunas en conserva son bastante saladas. Introduzca los ingredientes bien comprimidos en un tarro de vidrio con tapadera. Vierta aceite hasta cubrir las aceitunas y tape el tarro herméticamente.

Deje las aceitunas a temperatura ambiente unas 24 horas; después déjelas macerar en el frigorífico 1 semana como mínimo antes de consumirlas. De vez en cuando, agite el tarro para que vuelvan a mezclarse los ingredientes. 30 minutos antes de servirlas, deje las aceitunas a temperatura ambiente, y al sacarlas del tarro escúrralas bien.

almendras saladas

En España, las almendras tostadas y saladas son el fruto seco más popular
que se sirve como tapa, pero también las avellanas se pueden preparar del mismo modo,
así como nueces partidas, pistachos, cacahuetes y anacardos.

PARA 6-8 PERSONAS, COMO PARTE DE UNA COMIDA A BASE DE TAPAS

**225 g de almendras enteras, con
pielecilla o peladas
4 cucharadas de aceite de oliva
sal marina gruesa
1 cucharadita de pimentón o de comino molido**

Precaliente el horno a 180 °C. Las almendras que se conservan con su piel son las de mejor sabor, pero comprarlas peladas es más cómodo. Si las usa con piel, póngalas en un cuenco y cúbralas con agua hirviendo. Pasados 3 o 4 minutos, sumérjalas en agua fría durante 1 minuto. Escúrralas bien y pele las almendras con los dedos. Póngalas sobre papel de cocina para que queden bien secas.

Vierta el aceite de oliva en una bandeja de asados e inclínela en todas direcciones para que el aceite cubra toda la base. Eche en la bandeja las almendras, remuévalas para que queden uniformemente untadas de aceite y luego espárzalas de modo que formen una sola capa.

Tueste las almendras en el horno durante unos 20 minutos o hasta que estén algo doradas.

Déles la vuelta varias veces mientras se tuestan. Póngalas sobre papel de cocina para que absorba el aceite y después páselas a un bol.

Mientras las almendras estén aún templadas, espolvoréelas con abundante sal marina y pimentón o comino, si se usa, removiéndolas para que queden sazonadas por igual. Sírvalas templadas o frías. Las almendras saben mejor si se sirven recién tostadas y condimentadas; así que procure prepararlas el mismo día en que vaya a servirlas. Pueden guardarse hasta 3 días en un bote hermético.

champiñones salteados al ajillo

En lugar de champiñones pueden emplearse setas silvestres, como boletos o rebozuelos.

PARA 6 PERSONAS, COMO PARTE DE UNA COMIDA A BASE DE TAPAS

450 g de champiñones pequeños y cerrados
5 cucharadas de aceite de oliva
2 dientes de ajo, picados finos
un chorrito de zumo de limón
sal y pimienta
4 cucharadas de perejil picado
pan crujiente, para acompañar

Limpie los champiñones con un paño húmedo o cepillándolos y después córteles los pies cerca de los sombreretes. Corte los champiñones de mayor tamaño por la mitad o en cuartos. Caliente el aceite en una sartén grande, de base gruesa, añada el ajo y fríalo de 30 segundos a 1 minuto, o hasta que esté ligeramente dorado. Añada los champiñones y saltéelos a fuego vivo, removiendo hasta que hayan absorbido todo el aceite de la sartén.

Reduzca la intensidad del fuego. Cuando los champiñones hayan desprendido el agua, saltéelos, otra vez a fuego vivo, de 4 a 5 minutos y removiendo muy a menudo, hasta que ese jugo casi se haya evaporado. Rocíe con un chorrito de zumo de limón y salpimiente al gusto. Añada el perejil y mantenga la sartén al fuego un minuto más.

Pase los champiñones salteados a una fuente precalentada y sírvalos muy calientes o templados. Acompáñelos con trozos o con rebanadas de pan crujiente, para que los comensales puedan mojarlo en los jugos de cocción.

variación

También es posible preparar calabacines del
mismo modo; en este caso, antes de dorar el ajo,
fría en el aceite una cebolla pequeña, cortadita
muy fina, hasta que empiece a tomar color.

tomates cereza rellenos

Los tomates cereza están pensados para comerlos de un solo bocado pero, si lo prefiere, puede rellenar tomates de mayor tamaño. Con las cantidades indicadas en la receta, cada relleno es suficiente para unos 10 tomates medianos. *PARA 8 PERSONAS, COMO PARTE DE UNA COMIDA A BASE DE TAPAS*

24 tomates cereza

relleno de anchoas y aceitunas
50 g de filetes de anchoa en aceite de oliva, en lata
8 aceitunas verdes rellenas de pimiento, picadas finas
2 huevos duros grandes, picados finos
pimienta

OTRA OPCIÓN
relleno de cangrejo y mayonesa
170 g de carne de cangrejo en conserva, escurrida
4 cucharadas de mayonesa
1 cucharada de perejil fresco picado
sal y pimienta

OTRA OPCIÓN
relleno de aceitunas negras y alcaparras
12 aceitunas negras sin hueso
3 cucharadas de alcaparras
6 cucharadas de alioli (véase p. 53)
sal y pimienta

En esta receta se da la opción de elegir entre distintos rellenos. Antes de empezar, decídase por uno de ellos o, si lo prefiere, prepare un surtido. Calcule la cantidad de los ingredientes de acuerdo con el número de tomates que quiera rellenar.

Corte y deseche una rodajita muy fina del extremo del pedúnculo de cada tomate si desea que tengan una base plana y estable. Corte una rodaja un poco más gruesa del otro extremo y deséchela. Con un cuchillito de sierra de hoja curvada o con una cucharilla, desprenda, extraiga y deseche las semillas y gran parte de la pulpa de los tomates. Ponga boca abajo sobre papel de cocina los tomates vaciados y deje que se escurran 5 minutos.

Para hacer el relleno de anchoas y aceitunas, escurra las anchoas y reserve el aceite; píquelas muy menudas y póngalas en un bol. Añada las aceitunas y los huevos duros. Agregue un hilillo del aceite reservado para suavizar el preparado, sazone con pimienta (no añada sal; las anchoas ya aportan la necesaria) y mézclelo todo bien.

Para hacer el relleno de cangrejo y mayonesa, ponga estos ingredientes y el perejil en un bol y mézclelos. Salpimiente el relleno al gusto.

Para hacer el relleno de aceitunas negras y alcaparras, extiéndalas sobre papel de cocina para que queden bien escurridas. Después píquelas muy menudas y póngalas en un cuenco. Añada el alioli, mezcle bien y salpimiente al gusto.

Ponga el relleno elegido en una manga pastelera provista de una boquilla lisa de 2 cm de diámetro y úsela para introducir el relleno en los cascarones de tomate. Guarde los tomates en el frigorífico hasta que vaya a servirlos.

sugerencia

Esta salsa también resulta excelente servida con carnes frías.

salsa de berenjena y pimiento

En vez de asar las berenjenas y los pimientos en el horno,
puede ponerlos a la parrilla unos 10 minutos, hasta que la piel se cabornice.
Tendrá que darles la vuelta muy a menudo. *PARA 6-8 PERSONAS,
COMO PARTE DE UNA COMIDA A BASE DE TAPAS*

Precaliente el horno a 190 °C. Pinche la piel de las berenjenas y los pimientos por todas partes y úntelos con 1 cucharada de aceite. Póngalos en una bandeja y áselos en el horno durante 45 minutos o hasta que las pieles empiecen a ennegrecerse, la pulpa de las berenjenas esté tierna y los pimientos se hayan desinflado.

Una vez cocidas las hortalizas, póngalas en un cuenco y cúbralas inmediatamente con un paño limpio humedo o bien introdúzcalas en una bolsa de politeno. Déjelas así unos 15 minutos, hasta que estén lo suficientemente frías para manejarlas.

Cuando se hayan enfriado, corte las berenjenas por la mitad a lo largo, extraiga cuidadosamente la pulpa y deseche la piel. Corte la pulpa de la berenjena en trozos más bien grandes. Arranque y deseche el pedúnculo, el corazón y las semillas de los pimientos y córtelos en trozos grandes.

Caliente el resto del aceite en una sartén grande, de fondo grueso. Añada la pulpa de la berenjena y los trozos de pimiento y fríalos 5 minutos. Añada el ajo y fríalo todo 30 segundos más. Vuelque el contenido de la sartén sobre papel de

2 berenjenas grandes

2 pimientos rojos

4 cucharadas de aceite de oliva

2 dientes de ajo, cortados en paisana

ralladura y zumo de 1/2 limón

1 cucharada de cilantro fresco picado,

y unas ramitas, para decorar

1/2-1 cucharadita de pimentón

sal y pimienta

rebanadas de pan o tostadas, para acompañar

cocina para que se escurra y después páselo al contenedor de un robot de cocina. Añada la ralladura y el zumo de limón, el cilantro picado y el pimentón; salpimiente al gusto y ponga en marcha el robot hasta obtener una masa granulosa.

Vierta la salsa de berenjena y pimiento en un bol. Sírvala templada, a temperatura ambiente, o déjela enfriar durante 30 minutos, después métala en el frigorífico 1 hora como mínimo y sírvala fría. Decórela con ramitas de cilantro y acompáñela con rebanadas de pan gruesas o con tostadas.

pimientos rellenos

Asegúrese de que los pimientos que compre sean enteros, no en tiras. *PARA 7-8 UNIDADES*

A usted le corresponde decidir qué relleno de los que le ofrecemos en esta receta prefiere preparar. Saque los pimientos del tarro o de la lata y reserve el aceite para más adelante.

Para preparar el relleno de requesón y hierbas aromáticas, ponga el requesón en un cuenco y añada el zumo de limón, el ajo, el perejil, la menta y el orégano. Mézclelo bien y salpiméntelo al gusto.

Para hacer el relleno de atún y mayonesa, ponga el atún en un cuenco y añada la mayonesa, el zumo de limón y el perejil. Añada 1 cucharada del aceite reservado de los pimientos en conserva. Mezcle todo bien y salpiméntelo al gusto.

Para hacer el relleno de queso de cabra y aceitunas, ponga éstas en un cuenco y añada el queso de cabra, el ajo y 1 cucharada del aceite reservado de los pimientos en conserva. Mézclelo bien y salpiméntelo al gusto.

Con una cucharilla, introduzca un poco del relleno elegido en cada pimiento. Enfríelos en el frigorífico durante 2 horas como mínimo, hasta que estén firmes.

Para servir los pimientos, dispóngalos en una fuente de servicio y, si es necesario, límpielos un poco con papel de cocina para eliminar cualquier pizca de relleno que haya quedado en el exterior. Adórnelos con ramitas de hierbas aromáticas.

200 g de pimientos rojos del piquillo, conservados enteros en aceite

sal y pimienta

ramitas de hierbas aromáticas frescas, para decorar

relleno de requesón y hierbas aromáticas

225 g de requesón

1 cucharadita de zumo de limón

1 diente de ajo, chafado

4 cucharadas de perejil fresco picado

1 cucharada de menta fresca picada

1 cucharada de orégano fresco picado

sal y pimienta

OTRA OPCIÓN

relleno de atún y mayonesa

200 g de atún conservado en aceite de oliva, escurrido

5 cucharadas de mayonesa

2 cucharaditas de zumo de limón

2 cucharadas de perejil fresco picado

sal y pimienta

OTRA OPCIÓN

relleno de queso de cabra y aceitunas

50 g de aceitunas negras sin hueso,
    picadas finas

200 g de queso de cabra de pasta blanda

1 diente de ajo, chafado

sal y pimienta

variación

En lugar de elegir un único relleno, pruebe
a preparar un surtido de pimientos con
varios de los rellenos que le proponemos
en estas páginas.

variación

Aquí se utilizan pimientos rojos y amarillos, pero también puede emplear pimientos verdes o una mezcla de todos los colores.

ensalada de pimientos asados

Para esta receta los pimientos se pueden asar a la parrilla, a la plancha o en el horno.
También se pueden pinchar con un tenedor y sujetar sobre la llama del gas,
o, por supuesto, asar a la barbacoa. *PARA 8 PERSONAS,*
COMO PARTE DE UNA COMIDA A BASE DE TAPAS

3 pimientos rojos

3 pimientos amarillos

5 cucharadas de aceite de oliva virgen extra

2 cucharadas de vinagre de jerez o

de zumo de limón

2 dientes de ajo, chafados

un pellizco de azúcar

sal y pimienta

1 cucharada de alcaparras

8 aceitunas negras pequeñas

2 cucharadas de mejorana fresca,

y unas ramitas para decorar

Precaliente el gratinador. Ponga los pimientos en una rejilla o en una bandeja del horno y, dándoles la vuelta con frecuencia, áselos 10 minutos o hasta que su piel se ennegrezca y forme ampollas.

Saque los pimientos asados del horno, póngalos en un cuenco y tápelos inmediatamente con un paño limpio humedecido. También puede meterlos en una bolsa de politeno: el vapor ablandará las pieles y le resultará más fácil pelarlos. Deje así los pimientos unos 15 minutos, hasta que estén lo suficientemente fríos como para manejarlos.

Sujetando los pimientos de uno en uno sobre un cuenco, haga un agujerito en la base con un cuchillo afilado, exprima suavemente el jugo que tenga en su interior y resérvelo. Sujetando el pimiento sobre el cuenco, quítele con cuidado, la pielecilla negra; deséchela. Corte los pimientos por la mitad y quíteles el pedúnculo, el corazón y las semillas; después, córtelos en tiras. Disponga esas tiras de forma atractiva en una fuente.

Al jugo de pimiento reservado añádale el aceite de oliva, el vinagre de jerez, el ajo, el azúcar y sal y pimienta al gusto. Mezcle bien este aliño y rocíe con él la ensalada.

Esparza las alcaparras, las aceitunas y la mejorana picada sobre la ensalada y decórela con ramitas de mejorana. Sírvala a temperatura ambiente.

nota

Ésta es una de las tapas más populares. Las
hortalizas pueden variar, pero generalmente
se compone de patata, zanahoria y guisantes,
y a veces de atún, como en esta receta.

ensaladilla rusa

Un plato muy colorido y apetecible, sobre todo en verano.

PARA 8 PERSONAS, COMO PARTE DE UNA COMIDA A BASE DE TAPAS

2 huevos

450 g de patatas «baby» nuevas, en cuartos

125 g de judías verdes finas, cortadas

120 g de guisantes congelados

120 g de zanahorias

200 g de filete de atún en aceite de oliva

2 cucharadas de zumo de limón

8 cucharadas de mayonesa

1 diente de ajo, chafado

sal y pimienta

4 pepinillos pequeños, cortados en rodajitas

8 aceitunas negras sin hueso, por la mitad

1 cucharada de alcaparras

1 cucharada de perejil fresco picado

1 cucharada de eneldo fresco picado,
   y unas ramitas para decorar

Ponga los huevos en un cazo, cúbralos con agua fría y llévela a ebullición. Cuando el agua hierva, reduzca el fuego al mínimo, tape el recipiente y cueza los huevos durante 10 minutos. Tan pronto como los huevos estén cocidos, escúrralos y enfríelos bajo el chorro del agua fría. Así se evita que se forme un círculo negruzco alrededor de la yema. Golpee suavemente los huevos para resquebrajar las cáscaras y espere a que estén completamente fríos.

Entre tanto, ponga las patatas en una cazuela grande con agua fría salada y llévela a ebullición. Cuando el agua hierva, reduzca el fuego y cueza las patatas 7 minutos o hasta que estén tiernas. Añada las judías y los guisantes cuando falten 2 minutos para finalizar la cocción. Escurra las hortalizas, refrésquelas bajo el chorro del agua fría y póngalas en un colador hasta que estén frías.

Corte las zanahorias en tiras de 2,5 cm de largo. Rompa en trozos grandes los filetes de atún escurridos. Cuando las patatas, judías y guisantes estén fríos, póngalos en un bol grande. Añada la zanahoria y el atún y entremezcle los ingredientes. Pase las hortalizas y el atún a una ensaladera.

En un cuenco, añada el zumo de limón a la mayonesa para afinarla un poco y después agregue el ajo y salpiméntela al gusto. Aliñe con esta salsa las hortalizas y el atún.

Esparza los pepinillos, las aceitunas y las alcaparras sobre la ensaladilla y espolvoréela con el perejil y el eneldo. Puede guardar la ensaladilla rusa en el frigorífico, pero sírvala a temperatura ambiente. Justo antes de hacerlo, pele los huevos duros. Córtelos en forma de gajos, añádalos a la ensaladilla y decórela con ramitas de eneldo.

patatas fritas con pimentón picante

Una variación consiste en freír las patatas como aquí se explica y esparcir sobre ellas la misma salsa de tomate picante de los buñuelos de queso (véase p. 62) o servir la salsa por separado y mojar en ella las patatas («patatas bravas»). *PARA 6 PERSONAS, COMO PARTE DE UNA COMIDA A BASE DE TAPAS*

**3 cucharaditas de pimentón
1 cucharadita de comino molido
¹/₄-¹/₂ cucharadita de cayena molida
¹/₂ cucharadita de sal
450 g de patatas viejas pequeñas, peladas
abundante aceite de girasol, para freír
ramitas de perejil fresco, para decorar
alioli (véase p. 53) para acompañar (opcional)**

Mezcle bien en un bol pequeño el pimentón, el comino, la cayena y la sal. Reserve la mezcla.

Corte cada patata en 8 gajos gruesos. Vierta abundante aceite de girasol en una sartén grande de base gruesa (la capa de aceite ha de tener una altura de 2,5 cm). Caliente el aceite y fría a fuego lento las patatas, en una sola capa, durante 10 minutos o hasta que estén bien doradas por todas partes, dándoles la vuelta de vez en cuando. Sáquelas de la sartén con una rasera y déjelas escurrir sobre papel de cocina.

Pase las patatas a un cuenco grande y, mientras aún estén calientes, espolvoréelas con la mezcla de sal y especias, removiéndolas con suavidad para que queden sazonadas por igual.

Ponga las patatas así condimentadas en una fuente grande, en varias de tamaño pequeño o en platitos individuales y adórnelas con ramitas de perejil. Acompáñelas, si lo desea, con un bol de alioli, en el que se pueden mojar.

patatas «baby» con alioli

El alioli preparado con esta receta contiene huevo crudo y, por lo tanto,
no se les debe dar a los niños pequeños, los ancianos, las mujeres embarazadas, los convalecientes
o cualquier persona que padezca alguna enfermedad. En cualquiera de estos casos, hay que utilizar
mayonesa comercial, a la que se añadirá el ajo chafado.

PARA 6-8 PERSONAS, COMO PARTE DE UNA COMIDA A BASE DE TAPAS

450 g de patatas nuevas «baby»
1 cucharada de perejil fresco picado
sal

alioli
1 yema de huevo, a temperatura ambiente
1 cucharada de vinagre
de vino blanco o de zumo de limón
2 dientes de ajo pelados
sal y pimienta
5 cucharadas de aceite de oliva virgen extra
5 cucharadas de aceite de girasol

Para hacer el alioli, ponga la yema de huevo, el vinagre o el zumo de limón, el ajo, y sal y pimienta al gusto en el recipiente de un robot de cocina provisto de cuchilla de metal. Póngalo en funcionamiento y mézclelo todo. Con el motor en marcha, añada lentamente el aceite de oliva y luego el de girasol, gota a gota al principio y después, cuando empiece a espesar, en un chorrito lento y continuo hasta obtener una salsa espesa y fina.

Para esta receta, el alioli ha de ser un poco más fino, de manera que cubra por completo las patatas. Para conseguirlo, añada a la salsa 1 cucharada de agua.

Corte las patatas por la mitad o en cuartos de forma que los trozos puedan comerse de un bocado. Si son muy pequeñas, puede dejarlas enteras. Ponga las patatas en una cazuela con agua fría salada y llévela a ebullición. Reduzca el fuego y cueza las patatas 7 minutos o hasta que estén tiernas. Escúrralas y póngalas en un cuenco grande.

Mientras las patatas estén aún templadas, vierta sobre ellas el alioli cubriéndolas bien. Añadir la salsa a las patatas mientras aún están templadas hace que absorban el aroma del ajo. Antes de servirlas, déjelas cubiertas por la salsa unos 20 minutos.

Pase las patatas a una fuente templada, espolvoréelas con perejil y sal al gusto y sírvalas calientes. Puede prepararlas con anticipación y guardarlas en el frigorífico, pero antes de servirlas déjelas un rato a temperatura ambiente.

cocas de miniatura con espinacas y tomate

Muy similares a las pizzas italianas, las cocas se cuentan entre las tapas más populares. Tradicionalmente se elaboraban con una masa simple de harina y agua, pero ahora se utiliza masa de pan e incluso pasta quebrada. Las guarniciones varían muchísimo y en ellas podemos encontrar anchoas, pimiento, jamón, chorizo, aceitunas o queso. *PARA 32 UNIDADES*

2 cucharadas de aceite de oliva, y un poco más para untar y rociar

1 cebolla, picada fina

1 diente de ajo, picado fino

400 g de tomate triturado en conserva

125 g de hojas de espinacas «baby»

sal y pimienta

25 g de piñones

masa de pan

100 ml de agua templada

1/2 cucharadita de levadura seca que se disuelva fácilmente

un pellizco de azúcar

200 g de harina de fuerza, y un poco más para espolvorear

1/2 cucharadita de sal

Para preparar la masa de pan, ponga el agua en un bol, espolvoree por encima la levadura en polvo y el azúcar y déjelo en un sitio templado durante 15 minutos o hasta que la mezcla esté espumosa.

Entre tanto, tamice la harina y la sal sobre un cuenco grande. Haga un hoyo en el centro de la harina y vierta el líquido que contiene la levadura; mézclelo todo con una cuchara de madera. Trabaje la masa con las manos hasta que se separe de las paredes del cuenco.

Vuelque la masa sobre una superficie de trabajo enharinada y amásela durante 10 minutos o hasta que esté suave y elástica y no se pegue. Forme con ella una bola y póngala en un cuenco limpio. Cúbrala con un paño limpio humedecido y deje el cuenco en un sitio templado durante 1 hora o hasta que la masa doble su volumen.

Para hacer la guarnición de las cocas, caliente el aceite en una sartén grande de base gruesa. Fría la cebolla 5 minutos o hasta que esté blanda sin llegar a dorarse. Añada el ajo y fríalo todo 30 segundos. Incorpore el tomate y sofríalo 5 minutos más, removiendo de vez en cuando, hasta que la salsa se

espese. Añada las hojas de espinaca y cuézalas hasta que pierdan su tersura. Salpimiente al gusto.

Mientras la masa fermenta, precaliente el horno a 200 °C. Unte con aceite de oliva varias placas de horno. Vuelque la masa sobre una superficie de trabajo enharinada y amásela 2 o 3 minutos para que salgan las burbujas de aire. Extiéndala con el rodillo hasta dejarla muy fina y, con un cor-

tapastas liso de 6 cm de diámetro, corte 32 redondeles. Dispóngalos en las placas de horno preparadas.

Cubra cada coquita con la mezcla de tomate y espinacas y esparza por encima los piñones. Rocíelas con un poco de aceite de oliva. Cuézalas en el horno durante 10-15 minutos o hasta que los bordes de la masa tengan un bonito color dorado. Sirva estas cocas calientes.

fritura de calabacín
con salsa para mojar

Este mismo procedimiento puede aplicarse a las berenjenas. En cuanto a la salsa
de piñones, también puede hacerse exactamente igual, si se prefiere, con almendras.

PARA 8 PERSONAS, COMO PARTE DE UNA COMIDA A BASE DE TAPAS

Si ha optado por acompañar la fritura de calabacín
con la salsa de piñones, empiece preparándola.
Ponga los piñones y el ajo en el recipiente del robot
de cocina y haga un puré. Con el motor aún en
marcha, añada poco a poco el aceite de oliva, el
zumo de limón y el agua para obtener una salsa
fina. Agregue el perejil y salpiméntela al gusto.
Vuelque la salsa en un bol.

Corte los calabacines en diagonal, en rodajas
de unos 5 mm de grueso. Mezcle la harina y el
pimentón en una bolsa de politeno. Bata juntos en
un cuenco la leche y el huevo.

Meta en la bolsa con la harina y el pimentón
las rodajas de calabacín y agítela un poco para que
queden bien rebozadas. Al sacarlas, sacuda el exceso
de harina. Eche aceite de girasol en una sartén grande
de base gruesa hasta formar una capa de 1 cm,
caliéntelo. Sumerja las rodajas de calabacín, de una
en una, en la mezcla de huevo y luego échelas en el
aceite caliente. Fría las rodajas de calabacín por tandas, sin que se amontonen en la sartén, durante
2 minutos o hasta que estén crujientes y doradas.

Saque las frituras de calabacín con una rasera
y deje que se escurran sobre papel de cocina. Acabe

450 g de calabacines

3 cucharadas de harina

1 cucharadita de pimentón

1 huevo grande

2 cucharadas de leche

abundante aceite de girasol, para freír

sal marina gruesa

la salsa para mojar, por ejemplo alioli (véase
　　p. 53), salsa de tomate picante (véase p. 62)
　　o la salsa de piñones (véase más abajo)

salsa de piñones

100 g de piñones

1 diente de ajo, pelado

3 cucharadas de aceite de oliva virgen extra

1 cucharada de zumo de limón

3 cucharadas de agua

1 cucharada de perejil fresco picado

sal y pimienta

de freír todas las rodajas de calabacín. Sirva estas
frituras muy calientes, ligeramente espolvoreadas
con sal marina. Acompáñelas con un bol con la
salsa elegida para mojar.

judías verdes
con piñones

En vez de piñones puede emplear almendras laminadas o cortadas en tiritas. El resultado
es igual de delicioso; simplemente es cuestión de preferencias personales.

PARA 8 PERSONAS, COMO PARTE DE UNA COMIDA A BASE DE TAPAS

2 cucharadas de aceite de oliva

50 g de piñones

¹/₂-1 cucharadita de pimentón

450 g de judías verdes

1 cebolla pequeña, picada fina

1 diente de ajo, chafado

sal y pimienta

el zumo de ¹/₂ limón

Caliente el aceite en una sartén grande de base gruesa y fría los piñones durante 1 minuto aproximadamente, sin dejar de remover y sacudir la sartén, hasta que estén ligeramente dorados. Saque los piñones con una rasera, deje que se escurran sobre papel de cocina y páselos a un bol. Reserve el aceite de la sartén. Añada pimentón a los piñones, a su gusto; la idea es que queden espolvoreados de rojo. Resérvelos.

Despunte las judías verdes y quite los hilos laterales si es preciso. Póngalas en una cazuela, vierta sobre ellas agua hirviendo, llévelas a ebullición y cuézalas unos 5 minutos, hasta que estén tiernas pero firmes. Déjelas escurrir en un colador.

Recaliente el aceite de la sartén y fría la cebolla 5 o 10 minutos o hasta que esté blanda y empiece a dorarse. Añada el ajo y fríalo todo 30 segundos más.

Eche las judías en la sartén y rehóguelas 2 o 3 minutos, entremezclándolas con la cebolla y el ajo. Han de calentarse por completo. Salpimiéntelas al gusto.

Vuelque el contenido de la sartén en una fuente de servicio, rocíelo con zumo de limón y remueva. Esparza por encima los piñones previamente dorados y sirva las judías calientes.

bocados de queso
y huevo

EL QUESO y los huevos constituyen la base de
una gran variedad de tapas. En este capítulo, junto
a recetas como la de la célebre Tortilla de patatas
se incluyen platos que llevan diferentes quesos,
entre ellos el manchego, el parmesano o el cheddar.

buñuelos de queso
con salsa picante

Estos buñuelos de queso son ligeros y esponjosos y, aunque en esta receta se sirven con salsa,
si lo prefiere puede acompañarlos simplemente con pepinillos en vinagre. Sírvalos ensartados
en palillos para poder comer de un bocado un buñuelo de queso y un pepinillo.

PARA 8 PERSONAS, COMO PARTE DE UNA COMIDA A BASE DE TAPAS

70 g de harina
50 ml de aceite de oliva
150 ml de agua
2 huevos, batidos
60 g de manchego, parmesano, cheddar,
gouda o gruyer, rallado fino
$^1/_2$ cucharadita de pimentón
sal y pimienta
aceite de girasol, para freír

salsa de tomate picante
2 cucharadas de aceite de oliva
1 cebolla pequeña, picada fina
1 diente de ajo, chafado
un chorrito de vino blanco seco
400 g de tomate triturado, en conserva
1 cucharada de puré de tomate
$^1/_4$-$^1/_2$ cucharadita de copos de guindilla
unas gotas de tabasco
un pellizco de azúcar
sal y pimienta

Para hacer la salsa, caliente el aceite de oliva en un cazo, añada la cebolla y fríala 5 minutos hasta que esté blanda, pero sin que llegue a tomar color. Agregue el ajo y fríalo junto a la cebolla 30 segundos. Añada el vino, déjelo borbotear, incorpore los ingredientes de la salsa restantes y cuézalo todo a fuego lento, con el recipiente destapado, 10-15 minutos o hasta que la salsa haya espesado. Vuélquela en un bol y resérvela hasta el momento de servirla.

Mientras, prepare los buñuelos. Tamice la harina sobre un plato. Lleve a ebullición en un cazo el aceite de oliva y el agua. En cuanto el agua arranque a hervir, aparte el cazo del fuego y eche en ese recipiente, de golpe, toda la harina. Con una cuchara de madera, remueva bien la mezcla hasta que esté fina y se separe de las paredes del cazo.

Deje enfriar la mezcla 1 o 2 minutos e incorpore gradualmente los huevos, batiendo bien después de cada adición, de modo que la mezcla se mantenga consistente. Añada el queso y el pimentón, salpimiente y remueva para mezclarlo todo. Una vez alcanzada esta fase, puede dejar la pasta en el frigorífico hasta que quiera freír los buñuelos.

Cuando vaya a servir los buñuelos, caliente abundante aceite de girasol a 180 o 190 °C, o bien hasta que un dado de pan se dore en 30 segundos. Deje caer cucharaditas de la mezcla, por tandas, en el aceite caliente y, dándoles una vez la vuelta, fría los buñuelos entre 2 y 3 minutos o hasta que estén bien dorados. Tenga en cuenta que deben hincharse y subir a la superficie del aceite. Escúrralos bien sobre papel de cocina.

Sirva los buñuelos muy calientes, acompañados de la salsa picante, en la que se untarán, y con palillos de cóctel para ensartarlos.

empanadillas de queso y aceitunas

Para estas empanadillas puede usar queso manchego, cheddar, gruyer, gouda, mozzarella o un queso de cabra de pasta dura. Las versiones de las empanadillas en tamaño grande se conocen como empanadas. *PARA 26 UNIDADES*

90 g de queso de pasta firme o dura

90 g de aceitunas verdes sin hueso

60 g de tomates secados al sol en aceite y

50 g de filetes de anchoa en conserva, escurridos

pimienta

60 g de pasta de tomates secados al sol

harina, para espolvorear

500 g de pasta de hojaldre, descongelada si era congelada

huevo batido, para glasear

Precaliente el horno a 200 ºC. Corte el queso en daditos de 5 mm de lado. Pique las aceitunas, los tomates y las anchoas en trocitos del mismo tamaño que el queso. Ponga todos estos ingredientes en un bol, sazónelos con pimienta y mézclelos, incorporando también la pasta de tomate.

Sobre una superficie espolvoreada con harina, estire con el rodillo la pasta de hojaldre hasta dejarla fina. Con un cortapastas de 8 cm de diámetro, corte 18 redondeles. Apile los recortes, estírelos con el rodillo y corte 8 redondeles más. Con una cucharilla, ponga un poco del relleno en el centro de cada redondel de pasta.

Humedezca los bordes de la pasta con un poco de agua y doble cada redondel por la mitad, de modo que el relleno quede bien cubierto. Oprima y pellizque con los dedos los bordes de las empanadillas para que queden bien sellados. Con la punta de un cuchillo afilado, haga una incisión en la parte superior de cada empanadilla. Puede guardarlas en el frigorífico hasta que quiera cocerlas en el horno.

Ponga las empanadillas en bandejas de horno humedecidas y úntelas con huevo batido para glasearlas. Cuézalas de 10 a 15 minutos o hasta que hayan subido, estén crujientes y doradas. Pueden servirse muy calientes, templadas o frías.

queso manchego frito

El manchego es el queso español más famoso. Se vende en diversas etapas
de maduración, aunque el más apreciado es el curado, de intenso aroma.
El manchego tierno es muy difícil de encontrar fuera de España.

PARA 6-8 PERSONAS, COMO PARTE DE UNA COMIDA A BASE DE TAPAS

200 g de queso manchego
3 cucharadas de harina
sal y pimienta
1 huevo
1 cucharadita de agua
85 g de pan rallado, blanco o moreno
abundante aceite de girasol,
para freír

Corte el queso en trozos triangulares de unos 2 cm de grueso o, si lo prefiere, en dados aproximadamente del mismo tamaño. Ponga la harina en una bolsa de politeno y salpimiéntela al gusto. Casque el huevo en un plato y bátalo junto con el agua. Ponga el pan rallado en un plato.

Meta los trozos de queso en la bolsa con la harina y agítela para que queden bien rebozados; después, sumérjalos en el huevo batido, y finalmente rebocélos por todos los lados con el pan rallado. Póngalos en un plato grande y guárdelos en el frigorífico hasta que quiera servirlos.

Cuando llegue ese momento, vierta aceite de girasol en una sartén grande de base gruesa hasta que forme una capa de 2,5 cm de altura, y caliénte-lo hasta que un dado de pan se dore en 30 segundos. También puede calentar el aceite de una freidora a 180 o 190 °C. Fría los trozos de queso, en tandas de 4 o 5 para que la temperatura del aceite no baje y dándoles una vez la vuelta, de 1 a 2 minutos, justo hasta que el queso empiece a fundirse y estén intensamente dorados por todos lados. Antes de freír una nueva tanda, asegúrese de que el aceite esté bastante caliente, porque si no el rebozado del queso tardaría demasiado en ponerse curruscante y el queso de su interior rezumaría.

Una vez frito, saque el queso de la sartén o de la freidora con una rasera y deje que se escurra sobre papel de cocina. Sírvalo caliente, acompañado de palillos de cóctel para pincharlo.

variación

**En esta receta pueden emplearse otros
quesos: cheddar, mozzarella e incluso
un queso de cabra de pasta firme.**

huevos a la diabla

Sobre todo en el sur de España, un surtido de tapas se considera incompleto si no incluye estos huevos a la diabla y la tortilla de patata y cebolla –la tortilla española por antonomasia (véase p. 70)–. Para introducir una variación, adorne los huevos con rollitos de filetes de anchoa en conserva. *PARA 16 UNIDADES*

8 huevos grandes	**8 gotas de tabasco**
2 pimientos rojos enteros,	**un buen pellizco de cayena molida**
en conserva	**sal y pimienta**
8 aceitunas verdes	**pimentón, para espolvorear**
5 cucharadas de mayonesa	**ramitas de eneldo fresco, para adornar**

Para cocer los huevos, póngalos en un cazo, cúbralos con agua fría y llévela a ebullición. Cuando el agua hierva, reduzca el fuego al mínimo, tape el recipiente y cueza los huevos unos 10 minutos. Escúrralos y póngalos bajo el chorro del agua fría. Enfriándolos rápidamente se evita que se forme un círculo negruzco alrededor de la yema. Golpee suavemente los huevos para resquebrajar las cáscaras y espere a que estén completamente fríos; entonces pélelos.

Con un cuchillo de acero inoxidable, corte los huevos por la mitad, a lo largo, y saque las yemas. Hágalas pasar por un colador de nailon colocado sobre un bol y después cháfelas con una cuchara o un tenedor de madera. Si es necesario, aclare las claras de huevo cocidas bajo el chorro del agua fría y séquelas meticulosamente.

Escurra los pimientos sobre papel de cocina y píquelos, pero reserve unas tiritas. Pique también las aceitunas, reservando 16 aritos para adornar. Y piense que, si va a utilizar una manga para rellenar los huevos, tendrá que picar muy finos ambos ingredientes para que pasen por una boquilla de 1 cm de diámetro. Añada el pimiento picado y las aceitunas picadas a las yemas chafadas. Incorpore la mayonesa, mezcle bien y agregue el tabasco, la cayena molida y sal y pimienta al gusto.

Si desea una presentación más limpia, ponga la mezcla de yemas en una manga pastelera provista de una boquilla lisa de 1 cm de diámetro y rellene las medias claras. También puede utilizar una cucharilla para distribuir el relleno entre las medias claras.

Disponga los huevos rellenos en una fuente. Adórnelos con las tiras de pimiento y los aros de aceituna reservados. Espolvoréelos con un poco de pimentón y complete la decoración con ramitas de eneldo.

tortilla de patatas

Esta tortilla, una de las tapas españolas clásicas, se prepara con patata, cebolla y huevo. Se le pueden añadir otros ingredientes, tales como jamón, beicon, queso, champiñones, pimiento rojo o verde, espárragos y corazones de alcachofa, pero son muchas las personas que la prefieren en su versión más sencilla y auténtica.

PARA 8 PERSONAS, COMO PARTE DE UNA COMIDA A BASE DE TAPAS

450 g de patatas mantecosas

425 ml de aceite de oliva

2 cebollas, troceadas

2 huevos grandes

sal y pimienta

ramitas de perejil fresco, para adornar

Pele las patatas, córtelas en daditos o en rodajas y póngalas sobre un paño para que queden secas. Caliente el aceite en una sartén grande antiadherente. Eche la patata y la cebolla, reduzca el fuego y fríalas, removiendo para que no se peguen unas a otras, durante 20 minutos o hasta que estén tiernas pero sin que lleguen a tomar color. El secreto del éxito reside en que las patatas se frían durante bastante tiempo para que absorban el aroma del aceite y se cuezan, pero sin dorarse ni quedar crujientes. Su aspecto ha de ser más bien el de patatas hervidas que el de patatas fritas.

Bata ligeramente los huevos y sazónelos con sal y, si quiere, con un poco de pimienta. Ponga un colador sobre un cuenco grande.

Cuando la patata y la cebolla estén en su punto, póngalas a escurrir en el colador, de modo que el aceite caiga en el cuenco y pueda reservarlo para utilizarlo otra vez. Cuando la patata y la cebolla estén escurridas, mézclelas con los huevos batidos.

Limpie con papel de cocina la sartén, o lávela si es necesario, para evitar que la tortilla se pegue y eche 2 cucharadas del aceite reservado. Cuando esté caliente, añada la mezcla de huevo y patata, reduzca el fuego y cueza la tortilla 3 o 5 minutos, o hasta que su parte inferior haya cuajado. Mientras tanto, oprima con una espátula la mezcla de patata y cebolla, de modo que quede bien sumergida en el huevo, y suelte la tortilla de las paredes de la sartén.

Para que se haga la otra cara de la tortilla, cubra la sartén con un plato y sujételo con la mano libre. Incline la sartén para que escurra el aceite y luego, con un movimiento rápido, ponga la sartén boca abajo de modo que la tortilla caiga en el plato. Vuelva a poner la sartén al fuego y, si es preciso, eche en ella un poco del aceite reservado. Deslice la tortilla en la sartén, con la cara cuajada hacia arriba, y cuézala entre 3 y 5 minutos o hasta que la parte inferior haya cuajado. La tortilla está en su

punto cuando está firme y crujiente por fuera, pero tierna y con restos de huevo fluido en el centro.

Deslice la tortilla sobre un plato y déjela reposar 15 minutos. Sírvala caliente o fría, cortada como le guste más y adornada con ramitas de perejil.

pescado y marisco

ESTE CAPÍTULO incluye once recetas que abarcan un amplio abanico de pescado y marisco, como bacalao, salmón, sardinas, rape, atún, cangrejo, gambas, calamares, vieiras y mejillones.

croquetas de bacalao y alcaparras

El secreto del éxito de las croquetas está en enfriarlas en el frigorífico antes de freírlas; así no se abrirán al contacto con el aceite caliente. Un toque sabroso en esta receta: las alcaparras. No hay que olvidar que España es el productor mundial más importante de este ingrediente. *PARA 12 UNIDADES*

350 g de filetes de pescado blanco, como bacalao, abadejo o rape

300 ml de leche

sal y pimienta

4 cucharadas de aceite de oliva o 60 g de mantequilla

60 g de harina

4 cucharadas de alcaparras, cortadas en paisana

1 cucharadita de pimentón

1 diente de ajo, chafado

1 cucharadita de zumo de limón

3 cucharadas de perejil fresco picado, y unas ramitas para decorar

1 huevo, batido

60 g de pan blanco tierno, rallado

1 cucharada de semillas de sésamo

aceite de girasol, para freír

gajos de limón, para decorar

mayonesa, para acompañar las croquetas

Ponga los filetes de pescado en una sartén grande, de base gruesa. Vierta sobre ellos la leche y salpimiente al gusto. Lleve a ebullición y entonces reduzca el fuego, tape la sartén y deje que la cocción prosiga suavemente durante 8 o 10 minutos o hasta que el pescado se rompa al pincharlo con un tenedor. Saque los filetes de la sartén. Vierta en una jarrita la leche que haya quedado y resérvela. Desmenuce el pescado, quitando y desechando pieles y espinas.

Caliente el aceite o la mantequilla en un cazo. Incorpore la harina y, removiendo sin cesar, dórela a fuego suave durante 1 minuto. Aparte el cazo del fuego e incorpore poco a poco la leche reservada, removiendo para evitar que se formen grumos. Vuelva a poner el cazo a fuego lento y, removiendo, deje que la mezcla hierva hasta que espese.

Aparte el cazo del fuego, incorpore el pescado desmenuzado y mezcle bien. Añada las alcaparras, el pimentón, el ajo, el zumo de limón y el perejil; mézclelo todo y salpimiente al gusto la pasta de croquetas. Extiéndala en un plato y déjela enfriar; cúbrala con film transparente y déjela en el frigorífico 2 o 3 horas o toda la noche.

Bata el huevo en un plato y, en otro, mezcle el pan rallado con las semillas de sésamo. Divida la pasta en 12 porciones del mismo tamaño y, con las manos enharinadas, dé forma de salchicha de unos 7,5 cm de largo a cada porción. Sumérjalas una por una en el huevo batido y rebócelas con la mezcla de pan rallado y semillas. Póngalas en un plato y enfríelas en el frigorífico durante 1 hora.

Para freír las croquetas, caliente el aceite de una freidora a 180 o 190 °C; si utiliza sartén, tenga en cuenta que un dado de pan se ha de dorar en 30 segundos. Fría las croquetas por tandas, hasta que estén doradas y crujientes. Sáquelas del aceite con una rasera y déjelas escurrir sobre papel de cocina. Sírvalas calientes, adornadas con gajos de limón y ramitas de perejil, y con un bol de mayonesa.

salmón fresco
en mojo picón

El mojo picón se conoce también como salsa roja de las islas Canarias, debido a su lugar de origen. Cuando se prepara sin pimentón pero con cilantro fresco y hojas de perejil picados, se conoce como salsa verde de las islas Canarias o mojo verde. Resulta también excelente para aderezar patatas nuevas hervidas.

PARA 8 PERSONAS, COMO PARTE DE UNA COMIDA A BASE DE TAPAS

4 filetes de salmón fresco que pesen unos 750 g en total

sal y pimienta

3 cucharadas de aceite de oliva

1 ramita de perejil fresco, para decorar

mojo picón

2 dientes de ajo, pelados

2 cucharaditas de pimentón

1 cucharadita de comino molido

5 cucharadas de aceite de oliva virgen extra

2 cucharadas de vinagre de vino blanco

sal

Para preparar el mojo, ponga el ajo, el pimentón y el comino en el contenedor de un robot de cocina provisto de la cuchilla metálica y, con pulsaciones intermitentes, triture los ingredientes durante 1 minuto para que queden bien amalgamados. Con el aparato todavía en marcha, añada, gota a gota, 1 cucharada de aceite. Desconecte, raspe con una espátula las paredes del recipiente, conecte de nuevo el robot y, muy lentamente, continúe vertiendo el aceite en un fino hilillo, hasta agotar el aceite y obtener una salsa algo espesa. Añada el vinagre y mezcle durante 1 minuto. Sale al gusto.

Para preparar el salmón, quítele la piel, corte cada filete a lo ancho en dos mitades y éstas en rodajas de 2 cm de grueso; extraiga todas las espinas. Salpimiente al gusto el pescado.

Caliente el aceite en una sartén grande, de base gruesa. Cuando esté caliente, fría los trozos de pescado durante unos 10 minutos, según su grosor, dándoles la vuelta de vez en cuando. Han de quedar bien dorados por ambos lados.

Pase el salmón a una fuente precalentada, rocíelo con algo de mojo picón y sírvalo caliente, adornado con perejil. Ponga el mojo restante en un bol pequeño y llévelo a la mesa como acompañamiento del salmón.

sardinas marinadas en vinagre de jerez

El vinagre de jerez resulta ideal para marinar las sardinas, la trucha y el salmón.

PARA 6 PERSONAS, COMO PARTE DE UNA COMIDA A BASE DE TAPAS

12 sardinas frescas pequeñas
175 ml de aceite de oliva
4 cucharadas de vinagre de jerez
2 zanahorias, cortadas en bastoncitos
1 cebolla, cortada en rodajas finas
1 diente de ajo, chafado
1 hoja de laurel
sal y pimienta
4 cucharadas de perejil fresco picado
unas ramitas de eneldo fresco,
para decorar
gajos de limón, para decorar

Si no están ya preparadas, limpie las sardinas raspando las escamas con un cuchillo y teniendo cuidado de no cortarles la piel. Decida si quiere dejar la cabeza y la cola o si prefiere cortarlas y desecharlas. Dé un corte a lo largo del vientre de cada sardina y extraiga las entrañas bajo el chorro de agua fría. Después seque cada sardina con papel de cocina.

Caliente 4 cucharadas de aceite de oliva en una sartén grande, de base gruesa, y fría las sardinas durante 10 minutos o hasta que estén doradas por ambos lados. Con una pala de pescado, saque con cuidado las sardinas de la sartén y páselas a una fuente plana que no sea metálica, en una sola capa.

Caliente lentamente, en un cazo grande, el aceite de oliva restante y el vinagre de jerez; añada la zanahoria, la cebolla, el ajo y la hoja de laurel y cuézalo todo a fuego lento unos 5 minutos. Salpimiente las hortalizas al gusto. Deje que esta marinada se enfríe ligeramente y entonces viértala sobre las sardinas.

Tape la fuente y espere a que las sardinas estén frías antes de meterlas en el frigorífico. Déjelas marinar unas 8 horas o una noche, rociando de vez en cuando cucharadas de la marinada sobre ellas. ¡No es necesario que se levante a media noche! Antes de servir, téngalas un buen rato a temperatura ambiente. En el último momento, espolvoréelas con perejil y decore la fuente con ramitas de eneldo. Sírvalas con gajos de limón.

variación

Los filetes de trucha o de salmón frescos pueden
prepararse del mismo modo, pero en vez de freírlos es
preferible cocerlos al vapor 5 minutos. Cuando estén
cocidos, corte cada filete por la mitad, a lo largo.
Para esta receta necesitará 6 filetes de pescado.

pinchos de rape, romero y beicon

El rape, por su firme textura, es ideal para hacer pinchos, pero otros pescados de carne firme, como el bacalao, el pez espada o el atún son excelentes alternativas. En vez de ramitas de romero puede usar los tradicionales pinchos de metal o los de bambú. Estos últimos deberán remojarse previamente en agua fría durante 30 minutos para evitar que se quemen. *PARA 12 UNIDADES*

350 g de cola de rape o 250 g de filetes de rape
12 ramitas de romero fresco
3 cucharadas de aceite de oliva
el zumo de ¹/₂ limón pequeño

1 diente de ajo, chafado
sal y pimienta
6 lonjas gruesas de beicon
gajos de limón, para decorar
alioli (véase p. 53), para acompañar

Si utiliza cola de rape, con un cuchillo afilado corte a cada lado de la espina central para obtener 2 filetes. Córtelos por la mitad, a lo largo, y después corte cada uno en 6 trozos que se puedan comer de un bocado para obtener un total de 24 trozos. Póngalos en un cuenco.

Para preparar los pinchos de romero, arranque las hojas de las ramitas, dejando sólo las de la punta; reserve las hojas y las ramas.

Para preparar la marinada, pique muy finas las hojas reservadas y mézclelas en un cuenco con el aceite, el zumo de limón, el ajo y sal y pimienta al gusto. Añada los trozos de rape y remueva para que queden bien impregnados por la marinada. Tape el cuenco y déjelo en el frigorífico de 1 a 2 horas.

Corte cada lonja de beicon por la mitad a lo largo y después por la mitad a lo ancho; enrolle cada trozo. En cada uno de los pinchos ensarte, alternándolos, 2 trozos de rape y 2 rollitos de beicon.

Precaliente el grill o la plancha, o ponga a punto la barbacoa. Si va a asar los pinchos bajo el grill, póngalos de modo que las hojas de la punta de las ramitas de romero sobresalgan del espacio cubierto por el grill para que no se quemen durante la cocción. Ase los pinchos de rape y beicon unos 10 minutos o hasta que estén cocidos, dándoles la vuelta de vez en cuando y untándolos con el jugo que haya quedado de la marinada. Sírvalos calientes, guarnecidos con gajos de limón –con cuyo zumo podrá rociarlos– y acompañados por un bol de alioli en el que se mojarán los pinchos.

atún con aceitunas
rellenas de pimiento

El atún fresco es un auténtico manjar. Tiene una carne firme y un delicioso sabor. Una vez cocinado (a la parrilla, frito, en el horno o a la brasa), puede comerlo como si fuera un bistec o como atún en conserva.

PARA 6 PERSONAS, COMO PARTE DE UNA COMIDA A BASE DE TAPAS

2 rodajas de atún fresco de unos 2,5 cm de grueso, que pesen en total unos 250 g

5 cucharadas de aceite de oliva

3 cucharadas de vinagre de vino tinto

4 ramitas de tomillo fresco, y un poco más para decorar

1 hoja de laurel

sal y pimienta

2 cucharadas de harina

1 cebolla, picada fina

2 dientes de ajo, picados finos

90 g de aceitunas verdes rellenas de pimiento, en rodajas

pan crujiente, para acompañar

No deje que esta receta le pille desprevenido: recuerde que las rodajas de atún han de marinarse, por lo tanto, deberá iniciar la preparación del plato la víspera del día en que tenga previsto servirlo. Quite la piel a las rodajas de atún y córtelas por la mitad en la dirección de la fibra. Corte cada mitad en trozos de 1 cm de grueso, en dirección contraria a la fibra.

Ponga 3 cucharadas del aceite y el vinagre en una fuente grande que no sea metálica. Arranque las hojas del tomillo y échelas en ese recipiente junto con la hoja de laurel y sal y pimienta al gusto. Añada los trozos de atún preparados y déjelos marinar en el frigorífico durante 8 horas o toda la noche, con el recipiente tapado.

Al día siguiente, ponga la harina en una bolsa de politeno, saque el atún de la marinada y reserve el líquido. Introduzca el pescado en la bolsa y agítela para que quede recubierto de harina.

Caliente el aceite restante en una sartén de base gruesa. Sofría a fuego suave la cebolla y el ajo de 5 a 10 minutos, hasta que estén tiernos y dorados. Añada el atún y fríalo de 2 a 5 minutos, dándole vueltas varias veces, hasta que el pescado se vuelva opaco. Agregue la marinada y las aceitunas y, sin dejar de remover, prolongue la cocción 1 o 2 minutos, hasta que el pescado esté en su punto y la salsa haya espesado.

Sirva el atún con aceitunas muy caliente, decorado con ramitas de tomillo. Acompáñelo con rebanadas de pan crujiente, que se mojarán en la salsa.

tartaletas de cangrejo

Basta con observar las estanterías de un supermercado para darse cuenta de la gran variedad de pescados en conserva disponibles. En esta receta, pruebe a sustituir la carne de cangrejo con salmón o atún en conserva. *PARA 24 UNIDADES*

1 cucharada de aceite

1 cebolla pequeña, picada

1 diente de ajo, picado fino

un chorrito de vino blanco seco

2 huevos

150 ml de leche o de nata líquida

175 g de carne de cangrejo en conserva, escurrida

60 g de queso manchego o parmesano, rallado

2 cucharadas de perejil fresco picado

un pellizco de nuez moscada recién rallada

sal y pimienta

ramitas de eneldo fresco, para decorar

pasta quebrada

350 g de harina, y un poco más para espolvorear

un pellizco de sal

175 g de mantequilla

2 cucharadas de agua fría

OTRA OPCIÓN

500 g de pasta quebrada preparada

Precaliente el horno a 190 °C. Para preparar el relleno, caliente el aceite en una sartén y sofría la cebolla durante 5 minutos o hasta que esté blanda, pero sin llegar a dorarse. Añada el ajo y fríalo junto a la cebolla durante 30 segundos. Agregue un chorrito de vino y cuézalo todo 1 o 2 minutos o hasta que el vino casi se haya evaporado.

Bata los huevos en un cuenco e incorpóreles la leche o la nata. Añada la carne de cangrejo, el queso, el perejil y el sofrito de cebolla. Sazone con nuez moscada y sal y pimienta; mezcle bien.

Si prepara usted la pasta, ponga la harina y la sal en un cuenco. Añada la mantequilla cortada en trocitos y amalgame los ingredientes, trabajando con la punta de los dedos, hasta que la mezcla tenga un aspecto parecido al del pan rallado. Entonces añada un poco de agua, la que se precise para obtener una pasta firme. También puede preparar esta pasta con un robot de cocina.

Estire la pasta con el rodillo sobre una superficie espolvoreada con harina. Con un cortapastas liso, de 7 cm de diámetro, corte 18 redondeles de pasta. Apile los recortes, estírelos con el rodillo y corte otros 6 redondeles. Forre con ellos 24 moldes de tartaleta de 4 cm de diámetro. Distribuya el

relleno de cangrejo entre las tartaletas, procurando no llenarlas excesivamente.

Hornéelas durante 25 o 30 minutos, hasta que la pasta esté dorada y el relleno haya cuajado. Sirva las tartaletas calientes o frías, adornadas con ramitas de eneldo fresco.

gambas al aroma de lima

Esta tapa también se puede preparar con gambas congeladas o cocidas. Asegúrese de secarlas bien sobre papel de cocina antes de utilizarlas y, si ya están cocidas, téngalas en la sartén tan sólo 1 o 2 minutos, simplemente para que se calienten y absorban los aromas de la lima y el jerez.

PARA 6 PERSONAS, COMO PARTE DE UNA COMIDA A BASE DE TAPAS

4 limas

12 colas de gamba, muy grandes, con su piel

3 cucharadas de aceite de oliva

2 dientes de ajo, picados finos

un chorrito de jerez seco

sal y pimienta

4 cucharadas de perejil fresco picado

Ralle la piel y exprima el zumo de 2 limas. Corte en gajos las 2 limas restantes y resérvelos.

Prepare las gambas quitándoles las patas, pero dejándoles la piel y la cola intactas. Con un cuchillito afilado, practique un corte poco profundo a lo largo del dorso de cada gamba para extraer

el hilo intestinal, que desechará. Aclare las gambas bajo un chorro de agua fría y déjelas secar sobre papel de cocina.

Caliente el aceite en una sartén grande, de base gruesa, y fría el ajo durante 30 segundos. Añada las gambas y, removiendo de vez en cuando, fríalas durante 5 minutos o hasta que se vuelvan rosadas y empiecen a enroscarse. Entonces incorpore la ralladura y el zumo de lima y un chorrito de jerez; remueva.

Pase las gambas a una fuente, salpimiéntelas y espolvoréelas con el perejil. Sírvalas muy calientes, acompañándolas con los gajos de lima reservados por si se desea exprimirlos sobre las gambas.

langostinos con guindilla chisporreantes

El secreto de esta tapa consiste en servirla en el recipiente donde se hayan frito los langostinos para que estén muy calientes, de ahí su nombre. El aceite debería estar chisporroteante, por eso generalmente se llevan a la mesa cubiertos con el plato del pan.

PARA 8 PERSONAS, COMO PARTE DE UNA COMIDA A BASE DE TAPAS

Arranque la cabeza a los langostinos. Pélelos con los dedos, dejando las colitas intactas. Con un cuchillo afilado, dé un corte poco profundo a lo largo del dorso para extraerles el hilo intestinal, que desechará. Aclare los langostinos bajo el agua fría y escúrralos sobre papel de cocina.

Corte la guindilla por la mitad, a lo largo, extraiga las semillas y píquela muy menuda. Trabaje con guantes o lávese las manos después de picarla, ya que el jugo que desprende puede irritar las pieles sensibles, especialmente alrededor de los ojos, nariz o boca. No se frote los ojos tras tocar su pulpa.

Caliente el aceite en una sartén grande de base gruesa o en una cazuela resistente al fuego y fría el ajo durante 30 segundos. Añada los langostinos, la guindilla, el pimentón y una pizca de sal; fríalo todo, removiendo sin cesar, durante 2 o 3 minutos, hasta que los langostinos adquieran un color rosado y empiecen a enroscarse.

Sirva los langostinos en el recipiente donde los haya frito, mientras aún chisporroteen. Acompáñelos con palillos, que servirán para pincharlos, y con trozos o rebanadas de pan crujiente, para mojar en el aceite aromatizado de la fritura.

500 g de langostinos tigre, sin pelar

1 guindilla roja fresca

6 cucharadas de aceite de oliva

2 dientes de ajo, picados finos

un pellizco de pimentón

sal

pan crujiente, para acompañar

calamares

Los calamares pueden comprarse ya limpios y cortados en aros.

PARA 6 PERSONAS, COMO PARTE DE UNA COMIDA A BASE DE TAPAS

450 g de calamares preparados (véase sugerencia)

harina, para rebozar

aceite de girasol, para freír

sal

gajos de limón, para decorar

alioli (véase p. 53), para acompañar

Corte los calamares en aros de 1 cm y, si son grandes, corte los tentáculos por la mitad. Aclárelos y séquelos sobre papel de cocina para que no salpiquen al freírlos. Espolvoree los aros con harina, de modo que queden ligeramente cubiertos. No eche sal en la harina porque la sal, si se añade al calamar antes de la cocción, lo endurece.

Caliente el aceite de girasol en una freidora a 180 o 190 °C o en una sartén de forma que un dado

de pan se dore en 30 segundos. Para que la temperatura del aceite no baje, fría los aros de calamar por tandas, dándoles varias veces la vuelta, durante 2 o 3 minutos o hasta que estén crujientes y bien dorados por todas partes. No los fría demasiado porque quedarían duros y correosos en vez de tiernos y jugosos.

Con una rasera, saque los calamares fritos del aceite y póngalos sobre papel de cocina para que se escurran bien. Para que no se enfríen, métalos en un horno templado mientras fríe los aros de calamar restantes.

Espolvoree con sal los aros de calamar fritos y sírvalos calientes, guarnecidos con gajos de limón, con cuyo zumo los comensales podrán rociarlos. Acompáñelos con un bol de alioli, para mojar en él los calamares.

sugerencia

Para limpiarlos, sujete el cuerpo con una mano
y arranque la cabeza y los tentáculos con la otra.
El contenido del cuerpo se extrae y se desecha.
Corte los tentáculos por encima de los ojos y
deseche la cabeza. Saque con cuidado la bolsa
de tinta de la cabeza, sin romperla y, si quiere,
guárdela para otro plato. Por último, extraiga
la «pluma» y arranque la fina piel, moteada
y oscura, que cubre el exterior del calamar.

vieiras en salsa de azafrán

En supermercados y pescaderías pueden comprarse vieiras sin concha, tanto frescas como congeladas. Si las compra en una pescadería, pregunte si pueden darle o venderle algunas conchas, puesto que pueden utilizarse como atractivos platitos. Naturalmente, hay que limpiarlas bien antes de usarlas.

PARA 8 PERSONAS, COMO PARTE DE UNA COMIDA A BASE DE TAPAS

150 ml de vino blanco seco
150 ml de caldo de pescado
un buen pellizco de hebras de azafrán
900 g de vieiras sin concha,
preferiblemente grandes
sal y pimienta
3 cucharadas de aceite de oliva
1 cebolla pequeña, picada fina
2 dientes de ajo, picados finos
150 ml de nata espesa
un chorro de zumo de limón
perejil picado, para adornar
pan crujiente, para acompañar

Lleve a ebullición en un cazo el vino, el caldo de pescado y el azafrán. Tape el recipiente y déjelo cocer a fuego lento unos 15 minutos.

Quítele a cada vieira el músculo blanco y correoso que se encuentra en el extremo opuesto al coral, y deséchelo. Corte las vieiras verticalmente en rodajas gruesas, incluyendo los corales si están adheridos a ellas. Seque las vieiras sobre papel de cocina y después salpiméntelas al gusto.

Caliente el aceite en una sartén grande, de base gruesa. Sofría la cebolla y el ajo durante 5 minutos o hasta que estén tiernos y ligeramente dorados. Eche las rodajas de vieira en la sartén y, removiendo de vez en cuando, sofríalas a fuego lento durante 5 minutos o hasta que se vuelvan opacas. Es importante que las vieiras no queden excesivamente cocidas porque resultarían duras y correosas.

Saque las vieiras de la sartén con una rasera y póngalas en una fuente precalentada. Eche el caldo de azafrán en la sartén y déjelo hervir a fuego vivo hasta que se reduzca aproximadamente a la mitad. Rebaje el fuego y agregue la nata, poco a poco y removiendo. Cueza la salsa a fuego lento hasta que espese.

Vuelva a poner las vieiras en la sartén y caliéntelas durante 1 o 2 minutos en la salsa. Al final, añada un chorrito de zumo de limón y sal y pimienta al gusto. Sirva las vieiras calientes, espolvoreadas con perejil y acompañadas con trozos o rebanadas de pan crujiente para mojar en la salsa de azafrán.

mejillones con mantequilla de hierbas y ajo

Las salsas que acompañan los mejillones suelen elaborarse con aceite de oliva, al estilo de la cocina mediterránea. Para variar, le recomendamos que pruebe esta receta en la que, excepcionalmente, es protagonista la mantequilla aromatizada.

PARA 8 PERSONAS, COMO PARTE DE UNA COMIDA A BASE DE TAPAS

800 g de mejillones frescos, con su concha

un chorrito de vino blanco seco

1 hoja de laurel

90 g de mantequilla

40 g de pan rallado, blanco o moreno

4 cucharadas de perejil fresco picado, y unas ramitas para adornar

2 cucharadas de cebollino fresco, cortado fino

2 dientes de ajo, picados finos

sal y pimienta

gajos de limón, para acompañar

Limpie los mejillones frotando sus conchas y arrancándoles las barbas que lleven adheridas. Deseche los que tengan las conchas rotas y los que no se cierren al darles un golpecito. Póngalos en un colador y aclárelos bien bajo un chorro de agua fría. Precaliente el horno a 230 °C.

Ponga los mejillones en una cazuela grande y añada un chorrito de vino y la hoja de laurel. Cuézalos, tapados, a fuego vivo y sacudiendo la cazuela de vez en cuando, durante 5 minutos o hasta que se hayan abierto. Escurra los mejillones y deseche los que estén cerrados.

Saque los mejillones de sus conchas y deseche la mitad de ellas. Colóquelos, dentro de una concha, en una fuente grande y plana apta para el horno.

Funda la mantequilla y viértala en un bol. Añada el pan rallado, el perejil, el cebollino, el ajo y sal y pimienta al gusto; mézclelo todo. Déjelo reposar hasta que la mantequilla se haya solidificado. Entonces, con los dedos o 2 cucharillas, tome porciones de esta mezcla y vaya rellenando las valvas que contienen los mejillones, apretando para que

quede bien adherida. Guarde los mejillones en el frigorífico. Cuando vaya a servirlos, meta los mejillones
en el horno precalentado hasta que estén calientes
(unos 10 minutos). Sírvalos inmediatamente, adorna-
dos con perejil y acompañados con gajos de limón,
por si alguien quiere rociarlos con su zumo.

índice